AF240067

LES MARINIERS

DE SAINT-CLOUD,

IM-PROMPTU.

LES MARINIERS

DE SAINT-CLOUD,

IM-PROMPTU.

Par C. A. B. SEWRIN.

Représenté, pour la première fois, à Paris, sur le Théâtre de l'Opéra-Comique National, rue Favart, le 22 Brumaire an VIII.

TROISIÈME ÉDITION,

CONFORME A LA REPRÉSENTATION.

Notre union, mes amis, fera sa force...
et la nôtre..... *Scène dern. page 15.*

A PARIS,

Chez VENTE, Boulevard des Italiens.

AN VIII.

<table>
<tr><td>Personnages.</td><td>Artistes.</td></tr>
<tr><td>GUILLAUME, marinier.</td><td>Cit. CHENARD.</td></tr>
<tr><td>Le père JÉROME, marchand de vin.</td><td>Cit. SOLIÉ.</td></tr>
<tr><td>NOIRAUD, factieux.</td><td>Cit. FLEURIOT.</td></tr>
<tr><td>MICHEL, jeune batelier.</td><td>Cne. CARLINE-NIVELON.</td></tr>
</table>

Chœur de { MARINIERS.
FEMMES.
JEUNES GARÇONS.
JEUNES FILLES.

La Scène se passe à Saint-Cloud.

LES MARINIERS DE SAINT-CLOUD,

IM-PROMPTU.

Le Théâtre représente le jardin d'une Guinguette.

SCÈNE PREMIÈRE.

GUILLAUME assis à une table du côté gauche, NOIRAUD assis à une autre, du côté droit. Mariniers, leurs femmes, jeunes garçons, jeunes filles. Tous forment différens grouppes. Les tables sont couvertes de verres et de bouteilles.

GUILLAUME, *trinquant avec sa femme.*

AIR : *Dans les Gardes-Françaises.*

D'LA gaîté, ma commère,
Grace à c'jeune héros,
J'allons bientôt, j'espère,
Voir la fin de nos maux.
Oui, j'en ons l'assurance ;
Par de nouveaux succès,
Il va rendre à la France
Le bonheur et la paix.

TOUT LE MONDE *répète en trinquant, excepté* NOIRAUD *qui est seul à sa table, et paraît courroucé de la joie des autres.*

Oui, j'en ons l'assurance ;
Par de nouveaux succès,
Il va rendre à la France
Le bonheur et la paix.

A 3

GUILLAUME.

Vous conviendrez toujours, vous autres,...
qu'ça fait une fière journée que stella!... Morgué!
il n'y avait qu'ça pour nous sauver....

NOIRAUD, *à part, tâchant de cacher son dépit.*

Air : *Ça n'dur'ra pas toujours.*

Moi seul ici.... J'enrage !
Voilà bien de leurs tours !
Du destin qui m'outrage
Laissons aller le cours.....
Ça n'dur'ra pas toujours !   (4 *fois.*)

GUILLAUME *qui entend le refrein de Noiraud.*

Tiens! queuq' qu'all' dit donc, c'te figure blême
avec ses yeux creux? ... Ça n'durera pas toujours! Ah! ah!... (*aux autres.*) v'nez donc,
v'nez donc.... J'allons lui crier ça si fort aux
oreilles, que peut-être ben il le croira.

Tout le monde *entoure le factieux et lui crie aux oreilles.*

Oui, j'en ons l'assurance,
Maugré tous vos forfaits. . . .
Il va rendre à la France
Le bonheur et la paix.

NOIRAUD, *se levant.*

A quel sujet venez-vous m'attaquer?

GUILLAUME.

Oh! t'as beau filer doux....

NOIRAUD.

Je suis à mon écot.

GUILLAUME.

Il a raison... n'l'approchez pas de trop près...,
car il pourroit... ces gens-là ne vous preniont qu'en
traître. Aussi... examinez-les bien.... Ils n'osont
jamais r'garder un honnête homme en face.

NOIRAUD, *faisant un mouvement.*

Tu m'insultes !

GUILLAUME.

Tu veux faire le méchant... Eh! allons donc...
Des Olibrius comme toi.

Air de la Fanfare de Saint-Cloud.

> J'en mangerions par douzaine;
> Mais t'as beau te regimber,
> Lorsque la cruche est trop pleine,
> All' finit par déborder.
> D'après vos affreux systêmes,
> Vous comptiez sur des succès....
> Crac ! vous êtes pris vous-mêmes,
> Pris.... dans vos propres filets.

NOIRAUD, *criant bien fort, comme pour en imposer.*

Citoyens, la liberté, l'égalité, l'inviolabilité!...

GUILLAUME.

Eh! ne cries pas si fort... On sait c'que ça veut
dire... dans votre bouche.

NOIRAUD, *criant encore plus fort.*

Les droits du citoyen...

GUILLAUME.

Sont d'fair' taire les méchans.

NOIRAUD.

Les loix ...

GUILLAUME.

Tu les invoques... après les avoir toutes violées!...

NOIRAUD.

Je vais requérir la garde...

A 4

GUILLAUME.

Pour t'emmener.

AIR : *La parole.* (de Sargines.)

Tiens , crois moi, c'est encor l' plus sûr
De rester tranquille à ta table.
Je sais que pour vous c'est ben dur
D' voir l' mépris dont on vous accable.
Des maux que vous nous avez causés,
A présent chacun se console.....
V'là nos biaux jours recommencés ,
Les vôtres enfin sont passés.....

NOIRAUD, *criant encore.*

La liberté, l'égalité!...

GUILLAUME, *l'arrêtant.*

Tais-toi, tu n'as plus... (*bis.*) la parole. (*bis.*)

NOIRAUD *sort, en faisant des menaces.*

Vous verrez... vous verrez...

TOUT LE MONDE *le honnit, en le poussant dehors.*

Jamais, tu n'auras. . . .
Jamais , tu n'auras
La parole. (*bis.*)

GUILLAUME.

Tiens... de c't affair' là... il s'en va sans
payer... Eh ben!... il n'est pas fâché de l'aven-
ture... C'est autant d' pris sur l'ennemi... v'là
ce qu'y s'dira en lui-même...

(*Le père Jérôme entre.*)

Eh!... v'là l' bourgeois!...

SCÈNE II.

Le Père JÉROME, GUILLAUME, CHŒURS.

JÉROME.

EH bien!... mes enfans...

GUILLAUME.

Bonjour... monsieur Jérôme...

JÉROME.

Dis donc : citoyen Jérôme...

GUILLAUME.

Vous avez raison... c'esi l' plus biau titre qu'on
puisse porter... mais quand on dirait... Monsieur...
là... par habitude... sans mauvaise intention.....
y aurait-y si grand mal?...

Air : *La chose vaut mieux que le mot.* (du Corsaire.)
Citoyen..... Monsieur.... queuq' ça dit ?
Je n' prenons pas garde au langage.

JÉROME.

Mon cher voisin.... sans contredit....
Mais.... puisqu'à présent c'est l'usage....

GUILLAUME.

Il est vrai, mais!...
Un oubli n'est pas un défaut ;
En fait d' civisme, ce qu'il faut,
(Crois-en, mon cher, un avis sage.)
C'est la chose, et non pas le mot.   (*bis*)

JÉROME.

Il faut l'un et l'autre, Guillaume... C'est en

portant l' titre d' citoyen, et en l'honorant par ses vertus, qu'on se rend véritablement digne d' l'estime publique... Mais comment qu' ça va?

GUILLAUME.

De mieux en mieux... d'puis hier.

JÉROME, *riant.*

Ah! ah!... je t'entends... (*Il regarde la table où était Noiraud.*) Eh bien... il m' semblait qu'il y avait là... un...

GUILLAUME.

Oui, oui, il est parti... et sans payer. (*Il fait comme s'il comptait de l'argent.*).

JÉROME.

Ils n'en font pas d'autres.

GUILLAUME.

C'est vrai.

JÉROME.

Mes enfans... ne songeons qu'à nous réjouir... tapez-vous-en, là, comme il faut... oh! tenez... je suis si content d' la gentille petite bonne révolution qui nous est survenue là... si bien à propos!... qu'en vérité, s'il n'y avait plus une seule goutte de vin dans ma cave, je n'en serais pas fâché... pourvu qu'il ait été bu à la santé de ce brave homme... de ce héros qui a remporté tant d', victoires... de ses compagnons d'armes et d' tous ceux qui l'ont secondé... Mes amis, mes enfans...

écoutez…. écoutez…. je m'y connais un peu ,
moi…. en fait d'circonstances…. Savez-vous où
stelle-ci nous conduira ?

GUILLAUME.

Eh parbleu ! nous l'disions tous tout-à-l'heure,
au retour du bon ordre…. à l'affermissement de
la République, et sur-tout à la paix.

JÉROME.

Eh bien…. oui…. à la paix…. c'est ça……
c'est ça…. A la paix….. Sentez-vous tout' la
force de c'mot-là ?…. la paix ! Tant d'braves
frères d'armes qui vont r'venir, tant d'pères qui
vont embrasser leux enfans, tant d'mères qui
vont pleurer de joie…. tant d'amoureuses qui
vont se j'ter dans les bras de leux amans !… On
s'unit, on se presse, on saute, on chante, on
danse, on rit, on boit : --- A toi, la Valeur !..
--- à toi, la Victoire !…--- c'est une allégresse…..
un festin, une réjouissance !… Plus d'bataille ,
plus d'sang répandu !…plus de haines, plus de
vengeances !… Enfin la paix est l'plus biau présent que l'ciel puisse nous faire !…. aussi, j'ai
toujours aimé la paix…. je suis né pour la paix….
Quand j'vois deux hommes qui s'battent, je leur
crie aussi-tôt :…. --- Eh ! mes amis ! de grace !
faites la paix…. la paix, et toujours la paix !

PLUSIEURS MARINIERS.

Toujours la paix.

JÉROME.

Air : *Au souvenir de notre amour.*

Lorsque des fureurs de la guerre
On a ressenti les effets,
Il faut au plus vîte, j'espère,
Réparer les torts qu'elle a faits.
Quel bonheur alors d'être père !
Vous vous marirez, jeun'zamans.....
Comme vous, dans ce jour prospère,
Puissé-j' retrouver mes vingt ans !

Autrefois, voyait-on en France
Un soldat vieillir dans les camps,
Sa valeur, son expérience,
N'étaient souvent que l' fruit du tems.
Aujourd'hui, quelle différence !
La gloire mûrit nos enfans,
Et le Français, plein de vaillance,
Se montre un héros à vingt ans. (*bis*).

TOUT LE MONDE.

Et le Français, etc.

SCÈNE III.

LES MÊMES, MICHEL.

MICHEL, *accourant.*

EH ! père Guillaume !... v'là vot' bateau qui s'en va !

GUILLAUME.

Comment !... comment !...

MICHEL.

Oh !... ne courez pas si fort... vous ne le rattraperez plus...

GUILLAUME.

Eh ! sarpédié !... et qu'est-c' qui me l'a détaché ?

MICHEL.

Un coup de vent.

GUILLAUME.

Ah! mon dieu!... Mais dis-moi donc...

MICHEL.

Oh! c'est une histoire... ben intéressante...
Faites-y attention... afin de saisir...

Air : *En quatre mots je vais, etc.*

En quatre mots, je vais vous conter ça :
Votre bateau.... je l'ai vu là....
Allait comme cela. (*Il fait le roulis.*)
I s' trouvait dedans une dame
Qui s' désolait d' tout' son ame,
Puis un brav' soldat.
Ell' lui conta
Tout ce qu'elle avait là... (*le cœur.*)
Ensuite le pria
De lui prêter son bras,
Pour l'aider, dans ce mauvais pas,
A sortir d'embarras.

Le militaire était vraiment touché
Du sort trop plein de cruauté
Qu'elle avait éprouvé.
« Calmez, dit-il, votre souffrance,
» Prenez un peu patience,
» Tout sera réparé.
» A votre gré,
» Oui, je vous servirai,
» Mon bras toujours guidé
» Par l'honneur, l'équité,
» Bientôt, vous rendra la gaîté
» Et la félicité ».

Près d'eux étoit un certain homme assis,
Qui, les voyant si bons amis,
Fronça les deux sourcils.
C'est dans ce moment, je pense,
Que du vent la violence
Fit
Qu'la barqu' partît,
Je n'entendis
D'abord que quelques cris,
Bientôt après, je vis
L'homme qu'était assis....

(Il rassemble tout le monde autour de lui et commande
l'attention.)

Ecoutez bien ce que je vis,
Oh ! vraiment, j'en frémis.

Quand le bateau
Fut au milieu de l'eau,
Le monstre tirant un couteau
De dessous son manteau,
Sur le brave militaire
Se jeta tout en colère....
Mais en faisant l' saut,
Il arriva qu' la barque fit *capo,*
Chacun tomba d' son haut....
O miracle nouveau !
Des trois.... ce fut l'homme au manteau
Qui resta seul dans l'eau.

Aux cris joyeux de mill' gens accourus,
Les deux voyageurs sont reçus ;
On ne les quitte plus.
La dame s' nomme : LA FRANCE.
Le guerrier..... son nom, je pense,
Vous est bien connu.
A ce héros qu'on n'a jamais vaincu,
Honneur, gloire et salut !
Le r'pos nous est rendu,
L'espoir du méchant est déçu,
Les factieux ont vécu.

TOUT LE MONDE *répète vivement.*

A ce héros, etc.

GUILLAUME.

J'ne r'grette plus mon batiau.

JÉROME.

Pas plus que moi, mon vin.... Mes enfans, buvez, buvez, tant qu'ça vous fera plaisir.... je diminue le prix de moitié.... et pour vous régaler tous encore.... je promets de vuider une certaine barique.... Tantôt, tantôt, amenez vos garçons, vos filles.... J'aurons des violons.... Il faut qu'on danse, et j'danserons.

GUILLAUME.

Oui; mais j'dis, en attendant, allons nous joindre à tout ce monde qui a le bonheur d'entourer... de presser ces braves gens.....

JÉROME.

Oui, c'est à nous aussi de seconder le Gouvernement. Offrons-lui nos bras, notre vie.... faisons-lui une barrière.... contre la perfidie.... la trahison. Il n' pourra faire le bien qu'autant qu' nous serons calmes et prudens. Notre union, mes amis, fera sa force.... et la nôtre.... C'est moi qui vous le dis, et vous savez que l'père Jérôme, quand il est guidé par son cœur, ne peut pas vous tromper.

Air : *La république vous appelle.*

Ce beau jour dans nos cœurs ranime l'espérance,
    Français, restons toujours unis ;
Le bon droit, à son tour, emporte la balance :
    Fuyez.... impuissans ennemis !
    Fuyez et cachez votre honte,
    Ne venez plus souiller ces lieux....
    La justice enfin vous surmonte,
    Et son éclat blesse vos yeux.....

CHŒURS.

Plus de tourment, plus de souffrance:
Nous avons tous, au fond du cœur,
Déploré les maux de la France;
Chantons aujourd'hui son bonheur.

FIN.